Impresión y editorial: BoD – Books on Demand
info@bod.com.es - www.bod.com.es
Impreso en Alemania – Printed in Germany
ISBN: 9788411741156

Papá & yo
y el
Madrid

ESTE LIBRO ES DE MI PAPÁ, QUE SE LLAMA:

_____

Y MÍO, QUE ME LLAMO:

_____

FECHA:

_____

EL GOL QUE MÁS HEMOS CELEBRADO

PAPÁ DICE QUE ES:

_____

YO OPINO QUE ES:

_____

JUNTOS DECIDIMOS QUE ES:

EL MEJOR PARTIDO QUE HEMOS VISTO JUNTOS

PAPÁ DICE QUE ES:

_____

YO OPINO QUE ES:

_____

JUNTOS DECIDIMOS QUE ES:

UN ÁRBITRO QUE NOS CAE MUUUUUY MAL

PAPÁ DICE QUE ES:

_____

YO OPINO QUE ES:

_____

JUNTOS DECIDIMOS QUE ES:

NUESTRO ENTRENADOR FAVORITO

PARA PAPÁ ES:

_____

PARA MÍ ES:

_____

JUNTOS DECIDIMOS QUE ES:

LA FALTA EN CONTRA QUE MÁS NOS ENFADÓ

PAPÁ DICE QUE ES:

_____

YO OPINO QUE ES:

_____

JUNTOS DECIDIMOS QUE ES:

NUESTRO COMENTARISTA DE FÚTBOL FAVORITO

PAPÁ DICE QUE ES:

_____

YO DIGO QUE ES:

_____

JUNTOS DECIDIMOS QUE ES:

GRACIAS PAPÁ
POR ENSEÑARME
A AMAR
EL FÚTBOL Y
DEJARME DISFRUTAR
CONTIGO DE
TANTOS MOMENTOS

EL JUGADOR AL QUE INVITARÍAMOS A CENAR CON NOSOTROS

PAPÁ INVITARÍA A:

_____

YO INVITARÍA A:

_____

JUNTOS DECIDIMOS INVITAR A:

EL JUGADOR AL QUE NUNCA INVITARÍAMOS A CENAR CON NOSOTROS

PAPÁ DICE QUE A:

_____

YO DIGO QUE A:

_____

JUNTOS DECIDIMOS QUE SERÍA:

┌─────────────────────────────┐
│   │
│   │
│   │
│   │
└─────────────────────────────┘

NUESTRO 11 IDEAL

EL 11 DE PAPÁ SERÍA:

1:

2:

3:

4:

5:

6:

7:

8:

9:

10:

11:

MI 11 SERÍA:

1:

2:

3:

4:

5:

6:

7:

8:

9:

10:

11:

NUESTRO 11 CONJUNTO SERÍA:

1:

2:

3:

4:

5:

6:

7:

8:

9:

10:

11:

EL JUGADOR QUE AÚN NO HA IDO A LA SELECCIÓN Y LLEVARÍAMOS

PAPÁ LLEVARÍA A:

_____

YO LLEVARÍA A:

_____

JUNTOS DECIDIMOS LLEVAR A:

EL EQUIPO RIVAL AL QUE MÁS DETESTAMOS

PAPÁ DICE QUE ES:

_____

YO DIGO QUE ES:

_____

JUNTOS DECIDIMOS QUE ES:

ES DIFÍCIL QUEDARSE CON UNO PERO NUESTRO JUGADOR FAVORITO ES...

PARA PAPÁ ES:

_____

PARA MÍ ES:

_____

JUNTOS DECIDIMOS QUE ES:

LO QUE MÁS ME GUSTA DE VER PARTIDOS CONTIGO

PAPÁ DICE QUE ES:

_____

_____

_____

_____

_____

PARA MÍ ES:

_____

_____

_____

_____

EL MEJOR GOL DE MI VIDA ES QUE TÚ SEAS MI PADRE

SI MONTÁSEMOS UN EQUIPO CON NUESTROS AMIGOS Y FAMILIARES, ESTE SERÍA NUESTRO 11

EL 11 DE PAPÁ SERÍA:

1:

2:

3:

4:

5:

6:

7:

8:

9:

10:

11:

MI 11 SERÍA:

1:

2:

3:

4:

5:

6:

7:

8:

9:

10:

11:

NUESTRO 11 CONJUNTO SERÍA:

1:

2:

3:

4:

5:

6:

7:

8:

9:

10:

11:

SI JUGÁSEMOS NOSOTROS EN UN EQUIPO, ESTA SERÍA NUESTRA POSICIÓN

PAPÁ DICE QUE SU POSICIÓN SERÍA:

_____

PAPÁ CREE QUE MI POSICIÓN SERÍA:

_____

YO CREO QUE MI POSICIÓN SERÍA:

_____

YO CREO QUE LA POSICIÓN DE PAPÁ SERÍA:

_____

LA MEJOR PARADA DE GOL QUE HEMOS VISTO

PAPÁ DICE QUE ES:

_____

YO DIGO QUE ES:

_____

JUNTOS DECIDIMOS QUE ES:

```
┌─────────────────────────────┐
│                             │
│                             │
│                             │
│                             │
│                             │
└─────────────────────────────┘
```

EL PARTIDO QUE PREFERIRÍAMOS OLVIDAR

PAPÁ DICE QUE ES:

_____

YO OPINO QUE ES:

_____

JUNTOS DECIDIMOS QUE ES:

EL PARTIDO QUE SOÑAMOS VER JUNTOS ALGÚN DÍA

PARA PAPÁ SERÍA:

_____

PARA MÍ SERÍA:

_____

JUNTOS DECIDIMOS QUE SERÍA:

EL PENALTI EN CONTRA QUE NUNCA OLVIDAREMOS

PAPÁ DICE QUE ES:

YO OPINO QUE ES:

JUNTOS DECIDIMOS QUE ES:

EL PENALTI A FAVOR QUE NUNCA OLVIDAREMOS

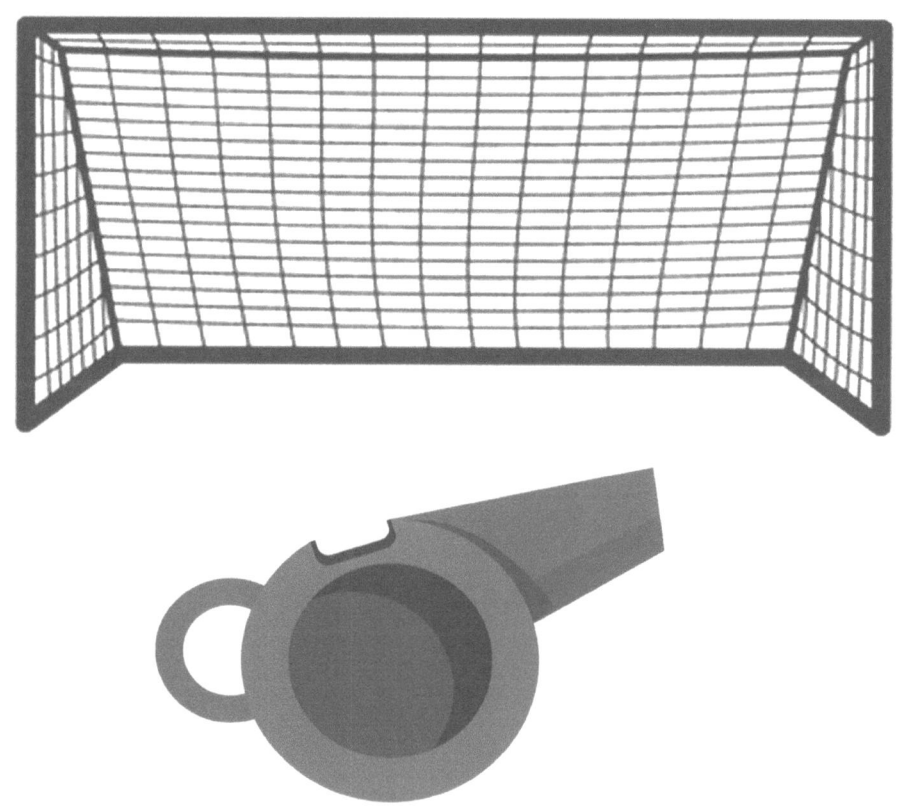

PAPÁ DICE QUE ES:

YO OPINO QUE ES:

JUNTOS DECIDIMOS QUE ES:

PAPÁ, GANAR O PERDER NO ME IMPORTA SI ESTAMOS JUNTOS

LO QUE MÁS NOS GUSTA COMER DURANTE LOS PARTIDOS

PAPÁ DICE QUE:

_____

YO DIGO QUE:

_____

JUNTOS DECIDIMOS QUE ES:

EL RESULTADO MÁS INJUSTO QUE HEMOS SUFRIDO

PAPÁ DICE QUE ES:

_____

YO DIGO QUE ES:

_____

JUNTOS DECIDIMOS QUE ES:

EL JUGADOR RIVAL QUE "ROBARÍAMOS" PARA NUESTRO EQUIPO

PAPÁ DICE QUE A:

_____

YO DIGO QUE A:

_____

JUNTOS DECIDIMOS QUE SERÍA:

LA PERSONA, ADEMÁS DE NOSOTROS, CON LA QUE MÁS NOS GUSTA VER LOS PARTIDOS

PAPÁ DICE QUE ES:

_____

YO DIGO QUE ES:

_____

JUNTOS DECIDIMOS QUE ES:

```



```

EL TALISMÁN QUE NOS DA SUERTE EN LOS PARTIDOS

PAPÁ DICE QUE ES:

_____

YO DIGO QUE ES:

_____

JUNTOS DECIDIMOS QUE ES:

EL TARJETA ROJA MÁS INJUSTA QUE NOS HAN SACADO

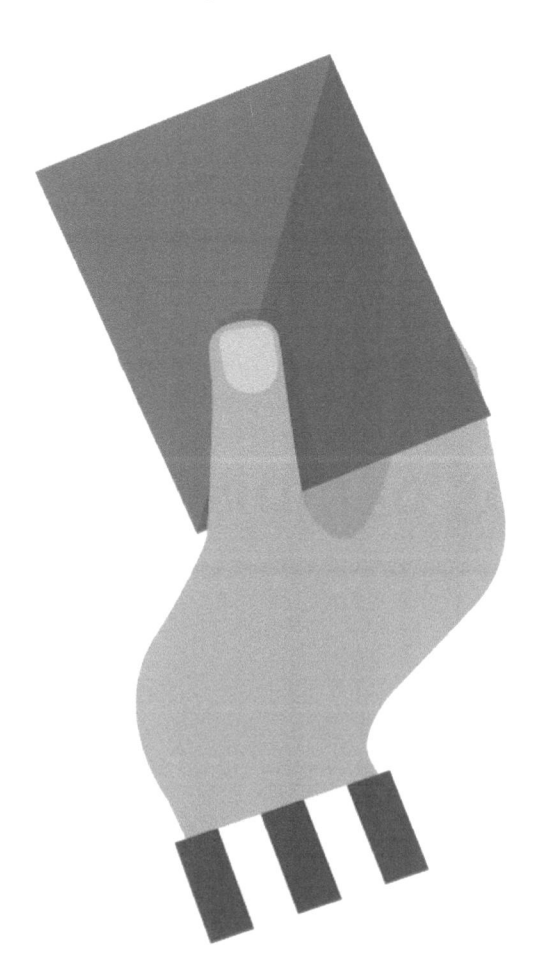

PAPÁ DICE QUE ES:

_____

YO DIGO QUE ES:

_____

JUNTOS DECIDIMOS QUE ES:

EL TÍTULO QUE MÁS HEMOS CELEBRADO

PAPÁ DICE QUE ES:

_____

YO CREO QUE ES:

_____

JUNTOS DECIDIMOS QUE ES:

EL TÍTULO QUE MÁS NOS GUSTARÍA CELEBRAR

PAPÁ DICE QUE ES:

_____

YO CREO QUE ES:

_____

JUNTOS DECIDIMOS QUE ES:

PAPÁ, TÚ SIEMPRE SERÁS MI CAMPEÓN